EN GRAN NOCHE

VICENTE ALEIXANDRE

EN GRAN NOCHE
Últimos poemas

Edición a cargo de
CARLOS BOUSOÑO
y ALEJANDRO DUQUE AMUSCO

Seix Barral 🜨 **Biblioteca Breve**

Primera edición: setiembre 1991
Segunda edición: diciembre 1991

© 1991: Herederos de Vicente Aleixandre
© 1991 de la edición y notas:
Carlos Bousoño y Alejandro Duque Amusco

Derechos exclusivos de edición en castellano
reservados para todo el mundo:
© 1991: Editorial Seix Barral, S. A.
Córcega, 270 - 08008 Barcelona

ISBN: 84-322-0648-2

Depósito legal: B. 40.491 - 1991

Impreso en España

*... como el eco o la luz que muere allá
en gran noche.*

VICENTE ALEIXANDRE

NOTA EXPLICATIVA

Después de una intensa vida entregada a la poesía, Vicente Aleixandre murió en la noche del 13 de diciembre de 1984, a la edad de ochenta y seis años, en Madrid, donde había residido desde los once. Una única preocupación sintió por su obra al final de sus días y de ella hizo partícipes a sus amigos más allegados: sólo quería que se dieran a conocer, de los poemas suyos que aparecieran tras su muerte, los que respondieran al nivel de exigencia de su obra publicada.

Fue una sorpresa y una responsabilidad encontrar la carpeta de sus inéditos. Había poemas de diversas épocas y estilos. Entre ellos, el grupo más numeroso correspondía al tramo final de su producción: textos breves y sentenciosos, algunos escritos con posterioridad a *Diálogos del conocimiento* (1974), aunque en la línea de los *Poemas de la consumación* (1968), y otros pertenecientes al ciclo de los mencionados *Diálogos*, largos y complejos de forma, con el característico entrecruzamiento de voces y perspectivas. Unos y otros ofrecen la misma mirada metafísica, dolorida y aún apasionada por los brillos últimos de la existencia.

Esta cohesión de pensamiento junto a la profunda unidad de estilo permitía alentar la idea

7

de una edición orgánica y cerrada, tal como Aleixandre, igual que otros poetas del 27, concebía el libro de poemas. No era tarea fácil. Había que empezar por seleccionar, ordenar y resolver delicados aspectos textuales. La selección ha dejado fuera espléndidos poemas de épocas anteriores que hubieran roto el equilibrio de expresión y mundo, o pertenecientes a la misma zona poética de los aquí recogidos, pero que hubieran supuesto una innecesaria repetición de enfoques y temas. Se trataba de elegir, y ha sido sólo lo mejor y más completo lo que se ha tomado.

Los poemas se han dispuesto en dos secciones. La primera la ocupan los más breves, siguiendo un cuidadoso escalonamiento temático, al modo aleixandrino, desde los poemas de sereno patetismo hasta los más desgarrados y amargos. Se agrupan en la segunda los «diálogos»; los más ricos en significación se sitúan al comienzo y al final de la serie, de acuerdo también con las tendencias mostradas por el poeta en la organización de sus libros, y en especial en *Diálogos del conocimiento*.

Como era de suponer, la fijación de los originales ha sido el problema más espinoso. Es de todos sabido que Vicente Aleixandre reservaba las últimas horas de la noche, ya acostado, poco antes de dormir, para dedicarse a la creación poética. Como en la anécdota atribuida a Saint Pol Roux, él también hubiera podido colgar de la puerta de su cuarto, al acostarse, este letrero: «El poeta trabaja», y no como humorística identificación entre sueño y poesía, sino con inmediato sentido literal. Aleixandre compuso toda su obra en la cama, de noche. El cansancio se convertía en aliado para la creación al dejar la mente en un estado de espontánea fluidez, entre la semipenumbra de la conciencia. La proximidad a las técnicas surrealistas es aquí innegable. En esos momentos Aleixandre escribía con gran rapidez y su letra, por lo general grande y clara, se transformaba en otra de trazos corridos, pequeños e ilegibles. Más de una vez, al día siguiente, lo escrito por la noche resultaba indescifrable. El poeta tenía que ir reconstruyendo palabras, abreviaturas, signos. Los borradores de Aleixandre presentan la rareza de tener encima de una palabra otra que no es variante, sino la misma palabra en letra legible.

Fundamentalmente el poema está todo ahí, en el borrador inicial, de un tirón escrito y a falta sólo de ciertos acomodos y retoques. A partir de esa base el proceso creativo en Aleixandre era, por buscar una similitud, como el del alfarero en el torno: un modelar continuo, con cuidado. Él reescribía una y otra vez el poema hasta su natural forma perfecta. Esta última versión era normalmente —no siempre— dispuesta a máquina, con lo que el proceso de creación se completaba y concluía.

Todo hubiera resultado sencillo de ser fiables esas versiones mecanografiadas. Pero no es así. A menudo la copia a máquina no la hacía el poeta, sino algún amigo, con lo que aumentaba el riesgo de lecturas incorrectas y de alteraciones involuntarias. Los errores no son infrecuentes, a pesar de que el poeta revisaba las copias. Hemos tenido, por tanto, que ordenar en progresión y proceder después a cotejar las versiones sucesivas de cada poema, desde el primer borrador (cuando se ha conservado) hasta el estado terminal del proceso de génesis, a fin de poder establecer los textos con toda pureza y garantía de exactitud.

El apartado que cierra el libro bajo el nombre de *Anotaciones* da noticia de aquellos aspectos literarios y cambios textuales de mayor interés, y se justifican algunas decisiones adoptadas en lecturas dudosas, interpretando siempre los propósitos del autor a la luz del conocimiento de su obra. No se ha pretendido una exhaustiva descripción para no extraviar al lector en un laberinto de datos. Sólo se recogen, pues, en esas notas, las explicaciones esenciales que cada texto parece exigir.

Una última precisión. El título de *En gran noche*, que acoge al valioso conjunto de poemas que aquí se da a conocer, fue el empleado por Vicente Aleixandre en 1969, al ofrecer en la *Revista de Letras* de Mayagüez (Puerto Rico) una muestra de su poesía de entonces. La expresión «en gran noche» se encuentra en el texto inicial de *Poemas de la consumación* y de ahí sin duda la tomó Aleixandre para titular aquellas páginas. Hoy el título parece cobrar nuevas resonancias y significados. No sólo evoca la oscura cima casi mística que estos poemas remontan, dignos de figurar entre los mejores de la etapa final del poeta, sino su carácter de inéditos absolutos en libro durante tantos años, y la distante y definitiva noche desde la que el poeta por un momento se diría volver para acompañarnos con su palabra. Por todas estas razones nos pareció oportuno llamar *En gran noche* a esta colección de poemas últimos de Vicente Aleixandre: palabras que vienen de la noche —ascensión y abismo a la vez— y que dejan en los «corazones fraternos» de su poesía la señal del resplandor.

Carlos Bousoño
y Alejandro Duque Amusco

I

UN SONIDO

Qué difícil vivir. Un largo esfuerzo.
La cinta blanca. Como quien camina.
(El sol, el sol.) ¿Quién dice que ha nacido?

Un brillo en el umbral. ¿Quién llama?
Abridme.
El gallo tiene cola y brilla a solas.
Una voz dice, pero está callada.
Sólo tu corazón la escucha. Y duerme.

LA MEMORIA

Aquí está, delante de esta ermita,
tu figura de niño. El cirio funeral, la cruz
    arcaica.
Las cabras lacias que sin luz volvían.
Mudo el mimbre en la noche.

Seras hospitalarias, tristes modos,
no son, oscuras heces
de un ayer ahí varado,
finado; ahí insepulto.

Recordar es obsceno. El ave nace y debe
no volver. La luz, más pura, olvida.
Las aguas ignoran su retorno y despiden
su fulgor hoy, naciendo.
Ah, libertad del día intacto.

BESO, FINAL

Déjame todavía poner un beso, puedo,
en ese labio donde aún se tienta el día.
Una tibieza tenue me colora
el labio mío, tuyo, de nadie, que anónimo se fija
mientras resbala suave hacia su frío.
Beso largo o morir. Lo mismo. Beso
de luz que, a oscuras, aún se queda. El día
no es visible. Pero el labio conoce que tú
    despacio lo pronuncias. Míralo.

EN LA CORRIENTE MARINA

No es lo mismo. Dejadme.
La juventud ardiendo entre las olas.
Todo es espuma o mar. Olas o el sueño.
Su realidad profunda está en tus ojos.
Vives mientras no sueñas.
Mueres cuando imaginas.
Qué despertar alerta entre las olas.

Así la vida escurre
su pasión y no engaña.
Flaco de luz resbalas en más luces.
«Aquí. ¡Mi amor! ¡Viviéndote!»
Pero no vives tú. Viven las olas.

QUEHACER DEL BESO

La soledad al lado de quien se ama
es terrible. No mires, pues no existo.
Solo con el labio podría
conocer, indagar, musitar...
No te conozco. Escápate.

AIRE O TIERRA

Cuando miro tus ojos
no es el amor quien calla.
Toda la vida, muda, me responde.
Así el cabello, reconocido,
la mejilla, que con ojos cerrados voy tentando.
¿Conozco o sé? ¿Amé o he vivido?
Aquí en mi oído el brillo sopla, y oigo
lo que no sueño. Tocar el viento es solo
posible hoy. Oír la luz, mañana sí es posible.
Porque bajo la tierra el brillo sólo es aire
quietísimo. La tierra en aire existe.
Sobre la boca, tierra respirada, y solo
suena un pecho.
                        Pero nadie escucha.

LA HORA

Ah desligada oscuridad. La hora
sonó. Aún en tus dientes luces puso
aquel resplandor que fuera un beso, que fue o
     lo quiso
o lo intentó. Tu nombre estaba
en el labio. Allí un beso era oír
contra mi boca algo
dorado; allí besar un ruido.

Pero dormida en esta noche callas
hasta en tal labio que tu nombre diome.
Beso: silencio. Sí, final, y acabo
siendo el aire que expulsa, y ahí expiro.

LA PROPIA MUERTE

Un muerto aguarda. No lo mires.
Raro. Su boca, extraña, tiene una palabra
todavía. En sus ojos opacos late un punto
indivisible. Entre la vida y muerte, ¿dónde
    brilla?
Labio o color que fuera amor, ido aún respira,
no, aún se extingue, muy pálido, en su frío
querer. Querer sin vida no es vivir. Amar
es muerte ya, o aún. El pecho ignora
definitivamente la verdad. Y aguarda.

BRISA ÚLTIMA

Por cuanto dices pienso
que la luz de tus ojos fue un suspiro.
Enhebróse en el alma, como la brisa triste
en la tarde sin luz que un soplo ilustra.

Pero sólo un instante, pues el viento en las
      ramas
no es la savia interior que alacre asciende,
ni un beso le es, ni un brillo,
menos es que otra luz que en flores se abre.

Se abre en la primavera,
súbita floración, perpetua especie;
pero ese viento largo
es un viento muy corto en ramas verdes,
un soplo de un aliento
que por morir nació y roza esas hojas.

No, no esperes más besos,
más ilusión de un aire entre el ramaje.
Invisible se mueve. Un aliento ha expirado.
La tarde allá se hundió.
                 Quietas las hojas.

SOLO JUVENTUD

Jóvenes sois. Más jóvenes.
Ya no puedo mirar: el río asciende
hacia el origen. Y las aguas arden.
Y unas espumas corren: rumbo a su cima.

Es la furia del viento que algo invierte.
Mas pedir que el río corra hacia la mar
es pedir juventud, peces ligeros.
Seno donde arribar como a una risa
o espuma general. Y allí cumplirse.

La juventud cumplida es ella misma.
No es una edad que pasa. En ella, queda.
No hay más. El resto es mundo.

HE VUELTO

He vuelto cuando no me esperabas.
La verdad llega a veces como el viento en las
    dunas.
Me fui cuando era joven.
Como en la mar las olas.
Vuelvo cuando despegan
esas barcas perdidas que el horizonte envuelve.

Vano es el humo triste de la mar engañosa.
Llego como en las olas.
De unas islas lejanas.
He vuelto. (El mar se aleja, pero vuelve.)
    Sin olas.

EL VIEJO Y EL JOVEN

I

Fresca voz olvidada,
cuerpo esbelto: su sombra. Pero ni sombra
　　fuese.
Fue solo juventud y ya es bastante. No un
　　nombre, Juan o Pedro.
Ni unos hechos inscritos. Pero fue joven y valió
　　por eso.
La juventud proclama la verdad del vivir, en
　　suma o pauta,
y ahí el que pasa lee. Y el paradigma vive
como un canon expuesto a quien lo juzga.
Ved pues a quien es joven; pero cuando el joven
　　fenece
y de su ceniza póstuma se eleva
una ropa gastada y apenas más: un viejo,
es difícil sentir continuidad por vida. Y por
　　amar, vivir.

II

Ser viejo es no haber sido
joven. Pues el joven fenece, y quien hereda
es su hijo: distinto. Nunca más claro está
que el joven padre es del viejo. Por su suerte
no conoció su aborto.

II

LA CANCIÓN NOCTURNA

LA DAMA *(arriba, en el salón)*

Descorre las cortinas. Echa leña en la lumbre,
Alexia. Quien viene está dormido. Oigo el fuego
en los rostros.
Es en vano que intentes convencerme: Estoy
sola.

EL ESTUDIANTE *(abajo, en el jardín)*

El jardín. ¿Quién me llama? Soledad de
estas horas.
Jardín de los cerezos que alguien vio y nunca
hallaste.
¿Quién me espera? Una sombra. ¿La amé? No
soy mi dueño.
Para alcanzar tus labios este jardín es triste.
Oh, bien sé lo sentido cuando pasé y volvía...
Los cerezos en flor. Los ramajes dormidos.
Un viento barre el polvo y levanta la arena.
Pero yo amé otras vidas.

LA DAMA *(en el salón)*

Yo le diré: Oh, salve, tú me salvas. La vida
no es un cuerpo apretado por las telas brillantes,

ni esa mano de encaje que muy débil se agita.
Soy yo, soy yo desnuda para a ti comprenderte.
Mi bien, yo amo tu idea, tu presencia ardorosa.
Pero aquí me paseo como un viento en los bordes.
Arráncame y ensálzame hasta tus tundras vastas.

EL ESTUDIANTE *(en el jardín)*

No importa quien me espere. No conozco
    estos ramos.
Mañana será un norte de esplendores confusos.
La verdad de los hombres corporales. ¿Quién
    brilla?
La realidad concreta. Una fruta es su carne;
su fulgor da en los ojos y presiente venturas.
La luz es plata, el cielo es plata, cuando no
    carne misma.
Verdad, verdad, no un humo que a las voces
    suplanta.

LA DAMA *(en el salón)*

Oigo cercano un fuego crujir, pero estoy
    sola.
Mas allá nadie, o callan entre muros helados.
Es el Palacio y duermen. Pero queman los ojos.
Un príncipe es la piedra que en más piedra ha
    rodado.
Todo es piedra en los muros y la estatua está
    inmóvil.
Soledad, soledad. Y fuese entero un grito
el que allí despertase, si la carne sirviese.
Pero la carne ha muerto en el duro Palacio
y nadie existe, sino que a sí se sueña.
¿Pero la piedra sueña? Que el rayo la quebrante

es el sino inmaturo. Abrid, abrid las puertas.
La tormenta la abrase.

EL ESTUDIANTE *(en el jardín)*

Si aquí me muevo a solas en la noche, ¿a
    quién busco?
Ah, cómo veo lejos los trigos madurados,
verdes sobre los campos con dolor de sosiego.
Siglos de solo espigas castigadas al viento.
Como frentes curvadas bajo el cárdeno hostigo.
Bebed, bebed las aguas que los cielos arrojan.
Solo el cielo y sus fuegos o sus hielos os velan.
Pasa una brisa dulce sobre espigas vivientes
y aquí unos tallos brotan y otros siguen. Y duran.
Pero después son solo bajo la hoz su sombra.
El pan ázimo y duro para dientes perdidos.

LA DAMA *(en el salón)*

Pero él me dijo un día: Vendré. Y aún no le
    veo.
Canción nocturna y bella que las sombras
    desgarra
y hasta mi seno alcanza. A quien soy pertenezco.
Pero no a ti, el barbado, falso monje de lunas.
Tú el «estaretz» que invades, y el otoño es muy
    débil.
Yo reniego y no asiento, pero beso tus hábitos.
Ay el olor montuno de tus miembros feroces.
Beso esa mano y sufro su poder cavernoso.
«Estaretz», ¿a quién buscas cuando brillan tus
    ojos?
Tiembla tu barba inmunda con un viento o
    materia,

pero yo desconozco tu santidad que inventas.
¿Esperé? No he esperado. No hay que esperar;
	yo sueño.
Soñé que tú salvabas a la nación pudriéndose,
y en mi sueño te odio. Pero sé que estás muerto.

EL ESTUDIANTE *(en el jardín)*

No hay nadie, pero es tarde. Diviso
vasta verdad. Al fondo los fuegos, los caballos,
esos cascos. La nieve. El Palacio de Invierno
es un fantasma o niebla que la espada divide.
Por sobre el río helado cruzan los fuegos santos.
¿Es la cruz? Son, enormes, avenidas cruzándose.
Pero la noche duerme. ¿Qué espero? No hay
	rumores.

LA DAMA *(en el salón)*

No, esperar es terrible. ¿Y quién puede
	esperar?
Los espejos acusan a esa mujer que miro
o que escupo. Su peinado arrogante, sus
	postizos, sus cintas.
Esa cabeza puesta sobre un hombro dormido.
Su bulto es insolente, su cola cruje o hierros.
Con ella cuántos rostros golpeé sin volverme.
Este cuerpo aprisiono con ballestas y obtengo
un triste talle ahogado que una mano estrangula.
Mas no: son los cordones que la coraza aprietan,
y con lengua morada casi respiro, y muero.
Eso dice el espejo. Mas el labio sonríe.
Por debajo los muslos. Por encima los pechos.
Todo de pie, y de piedra, y en el salón recibe...

EL ESTUDIANTE *(alejándose)*

Oigo o sueño los tiros. Madre, tus ojos tristes.
Padre muerto, te quiero, pues por mí padeciste.
Por mí que soy ya todos los que de ti nacieron.
Padre, batuchka, un río que hacia la mar se
      esparce.
Por mi cuerpo ha pasado y en tu flujo me llevas,
arrasado en tu vida, caudal de mí que canto.

LA DAMA *(en el salón)*

Las ventanas abiertas. No vino. No ha
      querido.
Condenada a mis rasos, ni un vaso o cristal puro
puedo mirar. No bebo. Mas deliro en mis sienes.
Consumación de un día que hecha fuego conozco.
En mí se muere el hombre. Pero nace el mañana.

EL ESTUDIANTE

Ella no está. No existe. La soñé. Pero en balde.
Ella es un fin. Me arranco. Consumación de un
      día.
Con él morí y renazco.
                    Pasa el fuego en las olas.

CETRERÍA

LA REINA

Pasa el halcón. Sujétalo.
Este rincón de bosque tiembla o gime.
El tiempo es puro viento.
Suena el río en la lumbre
del sol. Cruzan las garras,
y la presa presiente
que el pensamiento es muerte y vida es solo
unas plumas que escapan.

EL FAVORITO

Quien canta es quien engaña.
Mis calzas en las zarzas
dejan vida o memoria.
Pero yo paso y piso, y brillo y siento
que el sol riela en los oros.
No te reflejes nunca.
¡Qué maravilla el día, la soledad
lograda! Mas la noche me engaña.

LA REINA

Ahora el azor. Sus ojos coruscantes
divisan a la garza. El rayo cruje.

51

Son dos alas hermosas.
Solo vivir así es vivir. Rotundo,
como una bola, el muerto.
¡A ver, pronto, otra alcándara!

EL FAVORITO

Yo soy quien soy, pero quien soy se llama
nadie. Las órdenes tenaces
no harán de mí una sombra. El lecho solo
me da verdad, si en besos yo consisto.
Pero me alzo en el primer albor,
y sus rayos me acaban.
¿Quién llama? No oigo, paso, nadie
me ve. Pero sé quién me ve,
y ¡ay, no me viera!

LA REINA

¡Qué fuerza! El alcotán deslízase
como lava del cielo.
¡Pronto! ¡Sin sangre! ¡Estruja
y rinde, y vuelve aquí a mi mano!
La caperuza. El cielo
oculto está a tus ojos, pero no a tu poder,
cólera, mundo.
¡Qué inminencia en las garras!
El azul es palenque. Tuyo, nuestro.
Ave del sol. Mis labios.

EL FAVORITO

Soy joven. ¿Pero he sido?
Temblar no es ser. Ni siquiera en deseo.
Fui muchacho en las dunas.

Solo un gozque en mis brazos
de niño. Solo la luna o el hambre.
Pero el hombre promete
cuando nace, y no cumple.
Si fui niño dormía
porque no había nacido. Mi corazón,
sin dueño.
Quien padre tuvo conoció la aurora.
Para mí, eterna noche.

LA REINA

    ¿Dónde está? Aquí lo quiero.
Como una pluma al aire.
Él no me ve, porque al sol no se mira.
Solo el águila es libre.
Pero el garzón llegaba.
¿Dónde está quien te quiera?
Nadie. Ni yo. Soy nube
que arrebata a una sombra.
Como el halcón me abato.
Mas las garras, vacías.

EL FAVORITO

    Estoy solo. Cansado
de no ser si no amo.
Si no hago sentir amor a quien no quiero.

LA REINA

    Qué soledad grandiosa. Como una diosa
      muero
para nacer. No hay muerte.
Siento el poder, el rayo

del alcotán. La garza...
solo plumas perdidas.

EL FAVORITO

La noche es mi enemigo.
Mientras duermo es el día.
Pero despierto a solas,
con un cuerpo en los brazos
que no aborrezco —«¡Escapa!»—...
pero no amo. Y me ordena.
¿Quién ordena el amor?
Un desorden oscuro,
respuesta principal
a un enigma imposible.
Amar no es ser.
Mas sus sueños perdidos.

LA REINA

Pero sé que estoy sola.
El poder hace solos
a los hombres. ¿Y aún amo?
Aún gozo. Pero ¿cuánto?,
¿hasta cuándo? Desprecio
lo que no veo. No es mío
lo que yo no conozca. Pero sé, y ahí escupo.
¿Amo un cuerpo? ¿O lo invento?
¿Una mirada? O un rayo
de la luna en el mar.

EL FAVORITO

La noche me convoca
¿a ser? A consistir.

54

Consistir en un beso
no es ser. Adorar es mentir.
Yo no miento. Yo muero.

LA REINA

Aquí a caballo siento
bajo el casco el planeta.
Ordeno. Y unas luces
son la ciudad: ¡Mi voz!
La soledad engaña.
Todo dura en sus bordes.
Como un mar sin orillas.
Como un beso sin término.
Soledad, diosa única
que yo conozco. Y duermo.
Porque duermo si no amo,
si no estrujo ese pecho,
si no aprieto y ahogo
a quien quiero o invento.
Sola estoy. No conozco
a quien beso. En quien muero.

EL FAVORITO

Qué soledad profunda
de la luz. ¿Quién habita
mi nombre? No, no, un beso
no es la respuesta. Aunque yo sea ese beso.
Pero, ¿quién soy? No supe
consistir. Ya me duermo.

LA REINA

El neblí se alza, irrumpe.
Son sus ojos el fuego

devorador. La garza
es una pluma necia,
pues que opresa. Ven, rayo,
ven a mi mano y duerme,
a mi pecho y reposa.
¡E ilumina mi seno!

EL ECO

No hay ser, porque está muerto.

MISTERIO DE LOS DOS JÓVENES, LOS DOS VIEJOS Y LA MUCHACHA

JOVEN PRIMERO

Yo me despierto. El mundo ahora ha nacido.
Vasta verdad que en luces se inaugura
para mis ojos. Soy quien ve y no ha visto.
Nada esperaba sino ver. No he sido.
Como este mundo nuevo
que ahora creado ante mis ojos nace.
Hermoso en su verdad para mis besos.

JOVEN SEGUNDO

He pensado un instante, y estoy solo.
¿Para quién yo nací? Para esta luz acaso.
Aquí está el mar. Pequeño es a mis venas.
Ah, no me basta. Arriba estrellas puras.
Pero soñadas. Al frente, inmenso, el trueno.
Pero es de noche.

JOVEN PRIMERO

Junto al río dormí. Su ruido es pobre.
Me desperté, y la espuma enronquecía.
Miré los peces. Deslumbrados corren,
pero están presos. Sus orillas celan.
Ahí en el bosque profundo late un orbe.

Es la pupila. El tigre me ha mirado.
Mas no me ha visto. Invicto arquea el lomo,
mientras en la sequoia espera el buitre.

MUCHACHA *(entrando)*

No puedo responder. Aquí te espero.
Soy a quien llamas. Soy quien te convoca.
Quien te encarna.

JOVEN PRIMERO

¿Pues quién lo dice? Nadie aquí. Y es todo.
Todo soy yo, y entero el mundo es ello.
Soy todo, y es el mundo. Y duermo, y hablo.

VIEJO PRIMERO

Qué silencio en la noche. Desperté
cuando cayó completa. Me dormí
en un amanecer. Sin límites te siento,
noche del día en que nací, y he muerto.

VIEJO SEGUNDO

No iba yo solo. Alguien me escuchaba.
Alguien me deslumbraba. O solo era
el sol. No estoy seguro. Quien vivió
dudaba. Solo quien duda existe. Y desperté.
        Y fui cierto.

VIEJO PRIMERO

Oh certidumbre solo si ya duermes,
si estás despierto para siempre, y callas.

VIEJO SEGUNDO

Habla. No basta hablar. Yo hablo. Te escucho.
Hablar a solas es no haber nacido.
Habla. Te escucho. Soledad, ¿quién eres?

VIEJO PRIMERO

Pues esta noche no has llegado, espero
otra noche. La misma noche eterna.

VIEJO SEGUNDO

Cuando la noche se acabó yo iba
despacio. La noche se extinguía
como un cuerpo. Cerré mis ojos, y la luz se hizo.
¿Dónde? ¿Con quién? Lo supe, y callo.

VIEJO PRIMERO

Abrí mis ojos cuando los cerraba.
No lo supisteis mas velé durmiendo.
Alerta y ligerísimo, con pie, con pie descalzo
me erguí. Mientras allí dormía,
aquí escapaba.
Y conocí cuán cierta era mi carne.
Cuán vigoroso el músculo liberto.
Cuán fresco el hombro, con el haz de flechas.
Cuán puro el blanco. Cuán seguro el ojo.
Grité: «Ahí». Y el dardo dio en el centro.
Y era mi pecho.
Y abrí los ojos, y creí.

VIEJO SEGUNDO

                    ¡Cuán triste
es conocer! A veces duele algo,
peor: no duele nada. Cuántas veces
miré mi mano y no la vi. ¡Dolor,
tú revelas, tú alumbras! Ser es pena,
pero aún es ser. Quien sabe olvida. Quien
        conoce ha muerto.
Solo quien siente vive.

JOVEN PRIMERO

                    El mundo nuevo
por mí ha nacido. Yo desnudo
no estoy, pues soy. El mundo:
aquí lo miro o él me ve. Respiro
o es él quien late, y en mi boca vuela
como un punto de luz. El universo todo está
        en mi beso.
¡Qué hermoso es despertar y verse entero,
real! Oído para el mar. Gusto para las aguas.
Tacto para los bosques —y en su sombra
olfato—. Vista
para sus cielos. ¡Qué majestad en la unidad del
        mundo!

. . . .

MUCHACHA

    ¿Por dónde? Le vi, le vi, cuán joven
y no me conoció. Pasó, pasó, y seguía.
Grité. Y entonces vi un anciano.
Corrí...
Y estaba sola.

MIRÉ LOS MUROS

Un personaje

Creí, pero ¿en quién creo?; sólo en mi ropa
   sola.
Soy lo que visto o miento, como un fuego en
   virutas.
Pero no muero; aún vivo. Solo un paño se mueve;
paño azul, rojo, verde, lo que me lleva y trae.
O que acaba y se quema. Solo la pluma al aire.

Un soldado

Yo no soy lo que he visto, mas lo que queda
   dentro.
Humo quizá y me hicieron humo triste, no
   aliento.
Mas vivo, vivo para mirar, para ver y escupir,
y con mi alma escupo, y por eso termino.
Por lo que otros hicieron. ¿Hicieron? Son
   palabras o azufre,
son corrosivo o miedo. Miedo de ser; no fueron.
Lo que fueron mintieron. ¿Muertos o vida? Quita
la vida y deja
muerte. Una estampa, no un sueño.
¡Una verdad! Su podre. Su sabor ceniciento.
Y luego su basura, y solo el viento.

Mas yo quedo, aquí estoy. Luché y caí y aún vivo,
como ropa perdida. Soldado raso fui, o
	arrasado, que es lo mismo. Y de pie
soy lo que ha muerto.
Como ropa vacía. Vacía ya del alma,
y su cuerpo aquí quieto.

UNA MUJER

	Mirad sus ojos huecos. Su risa seca, sus dos
		brazos mojándose
en el aire y vacíos. ¿Qué son? Espantapájaros
para ti, ciudad muerta, que con todos has
		muerto.
Pues cantas, ríes, gritas, muerta, aunque escupas
befa de lo que fue. ¿Es un toro? La montaña es
		un cielo
de sangre. Y los muros quemados no lo
		encierran. El toro
de cartón mata o muere, y la nación lo engaña,
mientras miente y se muere.
Hija soy de esta tierra,
de este yermo o pezuñas que fueron, de este rojo
poniente de sangre, sola sangre que de los
		montes rueda,
y seca y sin latido. Su voz soy y no se oye;
pero grita en mi mueca.

UN PERSONAJE

	Basta, señores. Plumas, plumas, colores.
		¿Quién sabe? Su casaca, brochados,
levitones, hebillas y plumeros de ensueño
como airón de caballo. Plumas rojas, y blancas.

Plumas, botón de oro, más rasos
y unos guantes ligeros para solo mis manos.

UN SOLDADO

    Miré los muros y los sentí cansados.
Contra ellos puse solo mi espalda, y aún latían.
Muertos, muertos, pero vivos en muerte.
Muros que sintieron, latieron,
dolieron. Muros que eran conmigo mismo el ser.
Pero muriendo. ¿Adónde ya
volver los ojos? Solo, sin tierra; solo los muros
      secos, solo las bardas tristes de un
      inmenso corral,
y yo asomado a solas, colgado ya, un pelele, solo
      mi traje al viento.

UN PERSONAJE

    No grites. Mis cristales ligeros acerco hasta
      mis ojos y veo el poniente rosa. ¡Una bella
      rüina!
Aún hay patria. Soñemos. Con mis plumas
      doradas
yo embellezco este viento. Con mi pecho
      abombado,
mis calzones de seda, mi charol, mi oro fino
y un caballo ligero. Escapo. Pronto. ¡Arriba!
Levantad a esos muertos. Y los vivos levanten a
      sus muertos.
¡Arriba! Las paredes; el cielo.
Yo me paseo lento con mi bastón de ébano, con
      su pomo de oro,
sus monturas de cuero. Un alazán, ea, pronto.

Las bridas son de plata. Escapemos de pronto.
La chorrera y mi rosa. Atrás los muros muertos.

UNA MUJER

No importa. El muerto escapa. Más muerto
    tú que el mundo.
Sí, alguien vive y habla. Por mi voz habla el
    mundo, la ciudad, esta calle,
esta casa, esta puerta.
Abrid las puertas todas. Entre la luz, y ande.

UN SOLDADO

Yo caí. Soy muñeco pendiendo de los muros.
¿Pero quién es el muerto?

LOS DOS BESOS

LOS OSOS

EL TIRANO

    Entra. Pronto. ¡He vencido! Eres botín y
        prenda.
Solo existe un escorzo. Y aquí mi espada.
        ¿Callas?
Mía, no. Más que mía. Solo un instante, y propia.
Te exigí para verte, pero no para amarte.

LA VIRGEN

    No te escucho, te ignoro. No hay amenaza.
        Inútil.
¿Qué quieres? Sombra solo, tu palabra es un
        humo.
¿Soy el placer? Te escucho como a sombra que
        ha muerto.
Y nunca seré tuya porque no he de sentirte.
Tus fronteras, apenas un viento; tu agresión,
como la lumbre inútil que no miran mis ojos.
Cerraré mis dos párpados: y todo el mundo
        dentro.
Tú fuera, siempre fuera, aunque en mí creas
        vivirte.
El viento apenas roza una esfera cerrada.
Y yo, un cristal helado donde resbala el crimen.

No temas. Toma el viento, que eso soy en tus
   brazos.
Nada; besa el vacío y muere, pues no existo.

EL TIRANO

   ¡Qué error! Río y a mi risa las columnas
      sacudo.
Río, río y mi risa es un cauce que arrasa
tu cuerpo, pobre virgen que sin saberlo imploras.
¿Quién sabe? Tú no sabes que en mis brazos
      ardieras
cual la yesca del mundo, toda abrasada y humo.
Pero no, nunca ardieses, fatuo fuego en la tierra.
Cristal donde la luna luce enemiga, y miente.

LA VIRGEN

   Yo no miento, yo escupo.

EL TIRANO

                     Para no ser te quise.
Rasgada nube: eso eres. Con mi espada cayendo.
En ti degüello el mundo y tu sangre lo apura.
Mira mi espada y tiembla. Como un rayo en la
      noche
brilla. La noche son tus ojos, pero pronto por
      siempre.

LA VIRGEN

   ¡Bah! Sé que solo quieres asaltarme y
      hendirme.
Pero no con la espada sino con sangre en furia.

Horrible sangre tuya que desprecio y escupo
y que nunca en mi seno sembrará sus colores.

EL TIRANO

Mucho odié, ¡y he vencido! A ti no te odio,
    hermosa,
como una flor que siego. Pero en ti mato el
    mundo.
Mi mano en ti se sacia de un odio vasto y vivo
que persigue su nombre. Nací de un odio y muero
de un amor que no existe.
Esa sangre es la vida y alumbrarla es la muerte.
Cierra tus muslos claros y oscurece el destino.

LA VIRGEN

Calla. La luz penetra por la ventana libre.
Callarás. Tú me matas, pero tú mueres siempre.
Si a tu lecho me llevas, no existes: nube, pasas.
Con tu espada en mi cuello
yo he vencido. Porque tú sólo mueres.
Míralo: Te contempla. Es mi mundo. No el tuyo.
Soy la virgen que mata con su otro filo. Helada,
con mis brazos ciñéndote. ¿Lo ves? Caída, ahí
    queda
tu espada. ¿Qué, me besas? Duerme en mis
    brazos. Ámame
durmiendo. Son mis besos un beleño en tu
    sangre.
¿Ves? Ven. Oh, débilmente tus párpados se
    cierran
mientras mis labios sellan tu dormir para
    siempre.
Sigue, sigue sintiendo esa música sorda

penetrante y sagrada que letal se te esparce.
Música por tus venas, no sangre, es lo que rueda,
mientras tus labios fríos dulcemente se callan.
Aquí estrecho tu cuello con mis manos de lirio.
¿Sientes su olor, respiras? Ya no respiras. Ciño,
ciño más y tú duermes. Ya dormido estás
     muerto.
Te beso, sí, ahora beso: Tu sepulcral vivienda
donde estuviste: un cuerpo que habitó quien me
    amaba
mientras me odió. La espada quiso ser beso, un
    brillo,
y ahí está. Inútil, fría.
                 Mas nací. Nadie ha muerto.

EL ÚLTIMO VALS
(Ballet)

EL VIEJO CHAMBELÁN

La carne es una idea, pero ¿quién la ha
pensado?

LA JOVEN ACTRIZ 1900

En este espejo miro mi condición. Qué negro
es este pelo alto y qué blancos mis hombros.
La cintura es un grito que una mano abarcase
y este vestido largo, blanco y leve se ondula
cuando ligera cruzo, como en un vals, la escena.

EL VIEJO CHAMBELÁN

¿Dónde está, quién la ha visto? Solo un
sueño ha girado
por mi frente aburrida como un beso impalpable.
Alas de mariposas borrando mis miradas,
alas u olas o música y un seno va en volandas.
Soledad, compañía. Como una larga goma
esa música enreda los cuerpos encendidos
y se desliza y prende como un beso, o resuena
como las llamas dulces que un solo labio rozan.
Yo canto torpemente como mi cuerpo ilustre,
valioso por la ropa que lo envolvió o su nombre.

Lento giro en la ola mientras bogo en la música,
y soy el pensamiento más triste de un dios
    muerto.

EL GALÁN 1900

   Ella me vio y callóse. Pero me dio una rosa.
Soy joven como el nombre que sus labios
    pronuncian.
Aunque nunca me miren. Pero besan más aire.
La soledad me enseña que un perfume es difícil
y unos pétalos viven, aunque solo en deseos.
Callad. Yo giro o tuerzo y piso el arco sumo
que el vïolín trazara cuando un grito ha sonado.
Resbalar por aromas o por músicas sólo
es pasar dulcemente con el amor más puro.
Creo, creo y resbalo, y creo más y cruzo
sobre la palpitante vindicación de un sueño.
Soy leve y soy amado. Esperé, y he creído.
Ella me vio y miróme. Pero calló. Y vivía.
Y me alejo suspenso como una nota larga
que sonó largamente y muy fina se extingue.

LA JOVEN ACTRIZ 1900

   Adiós. Si sola estuve, con muchos nunca
    halléme.
Ellos son lentos, graves. O ligeros: lo mismo.
Envuelta en blondas suaves casi me ven, o
    sueñan.
Río a veces y música solo tocan, u oyen.
Me despido y alcánzoles como un largo sonido
que en la noche suavísima girase últimamente.
Adiós, adiós, soy bella, pero nunca he creído.
El mundo apenas sombra sobre unos labios hace,

y oigo inmediato un beso como supremo acorde,
o es el remoto y último rechinar de los astros.

EL VIEJO CHAMBELÁN

Ella pasó. ¿Quién piensa? La juventud es
   tenue.
Solo un soplo perpetuo sobre un pecho oprimido.
¿Quién la inventa o la mira? Quien amó ya ha
   vivido.
No vive, pues aún ama. Pasó, pues nunca ha sido.

EL GALÁN 1900

Nací como una aurora musical, y aún no
   alumbra.
Cuando un joven deslíe su verdad, ya palpita.
Fui luz como una vida. La sombra nunca existe.
Creo en los resplandores de quien desliza el alma
como un deseo mudo, con sus inmensos ojos.
Nací y cruzo la escena porque el amor me envía.
Conozco, pues ya existo. Nací, pues amo. Y paso.
Soy esta sombra misma de dos labios uniéndose
y canto tenuemente mientras sus sombras viven.

EL VIEJO CHAMBELÁN

¿Calló, u oí? Lo ignoro. Soy viejo. ¿Soy?
   Olvido...
—que es otra forma pura de amar—. A nadie
   inmolo.
Mientras grotescamente valso en la luz nocturna
emito nota triste, rajada, o me desplomo.
Oh, no. Paso girando. La música es alegre
y el corpachón combado en dos piernas estrechas

sacude el ser y ríe, sin ruido, y cojo oscila.
Soy un faldón que pasa, mientras las mangas vuelan
vacías y unos dedos de sombra un beso envían.
Soy, tra-la-lá, la luna redonda y apagada
como un vientre sin luces que en esa escena calla.
Hay un farol, me apoyo.

La joven actriz 1900

Oh, sí, soy bella y duermo. Girando, vivo y muero:
conozco; no he creído. Por eso sé, y me canso,
mas no de ti, alma mía que envuelta en tules oyes
morir la tarde y sueñas, a fin de ser, y acabas.
Amé, mas no he nacido; giré, mas no he pensado.
La vida es larga o breve, según el beso o el alma.
Candor de esos sonidos para mis pies desnudos
donde me yergo o sueno, consúmome o me extingo.
Oh, tú, criatura breve del que miré y me enlaza.
Oh, llévame en tus plumas como un silencio, y pase.
Y ellos verán y aplaudan, mientras la luz se apaga
en la platea, y ardiese dentro en los pechos, o hálito.

El galán 1900

Oh, sí, el fuego se alumbra. La gran orquesta late
y aquí palpita, y amo sobre su luz vibrante.
Oh tú, quien detenida por el amor te inmolas
a más amor y ardiendo como el gran faro puro,
haces final. ¡Dancemos!

80

SIERRA MORENA

EL BANDOLERO

No es esto. Basta ya de morir o de vivir. Cuán
     solo al fin
en esta tarde me hallo. Ellos desvalijando al
     fondo
allá los veo,
lo que falta o que sobra, pues es lo mismo;
mientras yo aquí me olvido.
Estas breñas feroces me dan calma.
Venta Quemada al fondo. Aquí esta peña
     delirante: un grito.
Pero no escucho. La piedra hecha garganta
     desafía
a Dios, y yo fumo tranquilo. Al pie ese río se
     aquieta
tras su enorme experiencia. Allá, las águilas.

EL VIAJERO JOVEN *(amarrado)*

Esta mañana fue. Salimos. Viento libre.
Aquí por Bélmez la Sierra es más oscura.
Y algo surgió, no humano, aunque mintiese.
Ahí bajo los cielos desvalidos
oigo correr monedas, manos lívidas,
o es su brillo mendaz lo que ahí se escurre.

Boca de fuego me redujo a polvo,
mas existo. ¿No soy? ¿No miro?
No desde un corazón que muerto aún ama.
Inútilmente pues murió, y conoce.

EL BANDOLERO

   ¡Cuánto tardan en concluir! La piedra sí es
      eterna.
Pero el deseo, fugaz. Los miro, y yo también
viví como una actividad que nunca empieza.
Cuando el bandido toma el reloj que hurta
no mide el tiempo. Ciego, sordo,
mudo, echa ese pavoroso sueño en la alforja y
      se ríe.
Él, amo es de un silencio. En esta tierra alta
exento está; el tiempo es de los hombres.
Allá abajo lo miden
invisible. Lo palpan
intangible. Quizá lo reconocen, y envejecen.
Aquí el bandido en la región
del frío mineral, pone el pie sobre el tiempo.
Más que humano, ese latir no cuenta. Es solo
      piedra.

EL VIAJERO JOVEN (amarrado)

   Quietud, quietud: parece el tiempo mismo
destruido. Soy joven. O más bien soy
ya la piedra en que descanso. Aquí tendido,
mi corazón apura aún la medida
humana. Mas yo, puesto sobre la roca,
ya he pasado a ser eso
que late, que vive. Tiempo de piedra invulnerable
      al hombre.

84

Pues la roca es mi solio, o yo su culmen.
Su ápice. Un pensamiento en piedra está
    dormido.
¡Qué soledad, o inmensa compañía!

EL BANDOLERO

  Mientras fumo les oigo. «¿En dónde están
    las onzas?»
«¡Aquí, pronto, la plata!» El cofre encierra
otro saber y brilla
como una ciencia hermética.
Dentro el sueño ahora humano. El ansia libre
y cerrada. La tapa se abre: un fuego de soledad
es lo que el cofre ofrece a toda el ansia.
Nada hay, nada esperes. Y una burla de un
    mundo
entero parece abrir su boca, y huera ríe.
¡Cuánto crimen inútil! El viejo llora, la dama
con el pañuelo tal vez mueve un conjuro.
El banquero quizá una libranza del infierno
    ofrece,
con sonrisa feraz. El jefe acepta.
Buena firma el relámpago. Casi es plata,
si no es oro, y fugaz. Deseo, y sin fin.
Aquí apartado pienso, luego duermo.
Sin trabuco, bajo esta encina espero a que ellos
    finen,
o a que empiecen. Despierto no oigo, y sé lo que
    he escuchado.
El sueño humano, en piedra aquí está erguido.
Casi contra los cielos hoy descanso.

EL VIAJERO JOVEN *(amarrado)*

Luché, caí. Y pronto inerme los soñé, sin
　verles.
Oí. Los ayes, las injurias. El corazón hirsuto se
　rompía.
Pero el cuerpo, obligado en piedra, quieto
aceptaba la piedra. Y, por cesar, se hizo
piedra. Una vergüenza humana
fue lo último que brilló. Después, la roca.

EL BANDOLERO

Me tengo que reír cuando a estos veo
luchar contra el matojo, contra el carrasco.
Pues eso es apilar
centenes —hojas— como un perfume de la
　　Sierra, y muerto.
Mis patillas son blancas, pero no son de plata.
Amarilla es la pena, pero nunca es de oro.
Amé el oro más que al cabello rubio que adoraba.
Y si el oro voló, el cabello bajo tierra ocultóse.
Solo estoy, y me callo. Solo, a caballo, escucho.

EL VIAJERO JOVEN *(amarrado)*

Fui niño, y no hace mucho, pero casi lo ignoro.
En mi costado estuvo una mano y hoy late
la piedra que me existe y que, sola, me piensa.
O me tiene. Y me crea. Y me absuelve.

EL BANDOLERO

Ya acaban. El deseo cumplido
poco vale, sea en amor o en hurto.
Con el brillo en la alforja, muerto, marchan.

¡Más! Pero el beso ya es frío.
Casi no los diviso. El humo
de mi cigarro; la patilla blanquísima; el catite;
   los brillos.
Soy yo, y quizá me ven, pero no me conocen.
Y ahora hacia mí disparan. Ciegos o más
   mendaces,
con matar más se engañan.
Pero no... Ya he cumplido.

(Muere)

EL VIAJERO JOVEN *(amarrado)*

La piedra no termina, aunque oculte sus ojos.
Oigo el viento o es un fuego que retumbó. Algo
   acaba.
La piedra nunca muere, pero el hombre
   interroga.
Oigo, pero ¿quién miente o quién dispara?

He vivido.
(Muere)

SUSANA Y EL VIEJO

SUSANA

Este jardín me asusta con su verdor sin
     límites,
su estanque inmóvil siempre donde el desnudo
     vela,
y los cisnes que siempre misteriosos deslizan
su pregunta o su signo como una pluma muda.
Yo estoy desnuda y miro las rosas, las celindas,
me envuelvo en los aromas de unas carnosas
     flores
y palpito y rielo, si una luna aparece,
tendida como un agua para un espacio vivo.

EL VIEJO

Es inútil negarlo. Soledad, tú te opones
a sostener la vida. Este pensil de pronto
se descubre y su aroma me despierta. Estoy solo.
Son sus pájaros rubios como plumas ardiendo
los que pasan y callan mientras siento sus voces.

SUSANA

Mi collar es el solo vestido de este cuerpo
que en sus curvas aflige a estos aires sin boca.

Soledad y hermosura. Besos nunca sufridos,
y un oro recogido sobre la nuca virgen
donde el sol se destroza con un amor sin límites.

EL VIEJO

    ¿Quién habla? No es el aire. Por entre ramas
        siento
un olor que no acierto a pensar. ¿Son más flores?
Rosas de Jericó, quizá lirio de Hedjaz.
Tal vez un sueño solo, hecho un edén sin nadie.
Pero algo, sí. ¿Qué miro? Oh estupor de la vida.
¿Quién eres? Oh fulgor de Dios: ¡fulgor desnudo!

SUSANA

    ¿Es la sombra que existe? Nadie ya. ¿Mas
        quién osa?

EL VIEJO

    Yo me acerco y pregunto. Soy la verdad
        vivida.
Pero con mi presencia ya miento. ¿A quién
        contemplo?

SUSANA

    ¿Hay alguien? No es presencia. Ah temor.
        ¿Quién me ha visto?

EL VIEJO

    Te miro y no comprendo. ¿Por qué tus ojos
        claros?

SUSANA

Nadie. Soledad pura. Como un pecho desnudo
despierto en este lecho de juncos. Canta el gallo.

EL VIEJO

Pero estoy solo, y miro. Me deslumbro y no
veo
pero aspiro otros aires que de un desnudo
alcánzanme,
como de un árbol puro que se exhala en el día.
¡El día! Es un tumulto. Pero ya, qué sereno.
Tumbado un astro terso cabe las aguas luce
y se repite en ellas como una estrella tibia.

SUSANA

Sola estoy. Ah qué sola, pero el verdor me
asume.
He aquí aducido un cuerpo como un huésped,
no sombra
pero verdad, y se integra, y en su entereza existe.
¡Existo! Todo el jardín me toma como dos
brazos fuertes.
El viento calla, y duermo, y es un beso la luna.
Pero, virgen, espero su fulgor. Aún no emerge.

EL VIEJO

Miro tus ojos claros, pero nada conozco
aunque todo lo sepa. Quien nació nada ha visto.
Un bulto, una mirada para un beso completo...
El amante es la amada porque el amor destruye.

SUSANA

Pero el sol me recorre. Primero el pie aterido.
La rodilla o su nácar, el muslo o su locura.
Montón de flores tersas para la mano sola
del sol. Montón de sueño puro.

EL VIEJO

Tarde te vi, y te miro como una estrella triste,
triste yo cuando sorbo su luz y bebo vida.

SUSANA

Pero el viento despeina mis cabellos dorados
y los pájaros pían y en sus brillos se enredan.
¿Canta el cielo o es mi cuerpo? ¿Mi seno o la
        armonía
del mundo? Todo en ella es mi vida.
Con esta mano toco la arena. ¿Es el planeta
quien suspira? ¿O es mi pulso el que late en mis
        venas?

EL VIEJO

Ciego del resplandor escucho a la luz misma.
Ella nace. Yo escucho. Pero nunca distingo.
Añosa sombra muda, mi pensamiento acaba.

SUSANA

¿Quién habla? Es como un viento. Siento
        cabellos largos
ondear. Voces graves y unos brillos cansados,
o quizá manos tibias sobre mi frente, y muchas.

94

EL VIEJO

Como el sol mismo me hundo. ¿Qué es el
amor? No un beso.

SUSANA

Sola estoy. ¿Quién me ha visto? Yo no sé, yo
conozco.
Sobre mi frente viva cielo o flores coronan
mi verdad no, mi nombre. Yo no miento. Yo vivo.

EL VIEJO

El pensil ha callado. ¿Voló? Jardín efímero
como una flor. Arbusto. Mujer. Agua hacia el
cielo
que ese rayo evapora, hacia el azul sorbido.
Yo paso, y pienso y callo. No vi. Si vi no he sido.

ANOTACIONES

I

Pág. 15. *Un sonido.* Único poema de la primera sección de *En gran noche* del que se conserva el primer tanteo o borrador original. Como era su costumbre, Vicente Aleixandre consignó al pie del borrador la fecha de escritura: 13 de agosto de 1975. La versión final que aquí se recoge es de septiembre de 1976. Debe tratarse por tanto de uno de los últimos poemas que compuso.

El verso inicial de «Un sonido» retoma la idea orteguiana de la dificultad del vivir, expresada en múltiples momentos de la etapa central del poeta, y muy concretamente en el poema «Difícil», de *Historia del corazón* (1954): «Todo es difícil... Parece fácil y qué difícil es.»

Aunque en el manuscrito de la versión definitiva Aleixandre puso la indicación de *Inédito*, hoy el poema se halla publicado por *Contemporáneos*, 6, Jerez de la Frontera (s.m., 1990), p. 3.

Pág. 17. *La memoria.* Existe copia manuscrita a limpio, sin datar y aún con ciertas indecisiones, y otra copia mecanografiada con la versión definitiva que damos. Carlos Bousoño publicó esta pieza, junto con otras inéditas, en el *Homenaje y recuerdo a Vicente Aleixandre* organizado por *El Ciervo*, 419, Barcelona (enero 1986), p. 26.

Como el poema «El pasado: "Villa Pura"», de *Poemas de la consumación* (1968), este otro se inspira en la emocionada visita que el poeta hizo a Las Navas del Marqués (Ávila) en agosto de 1965, después de no haber vuelto por la villa desde su juventud. «El día 10 iremos a Las Navas, tan memorable para mí —le comentaba Aleixandre a José Luis Cano en carta del 6 de agosto de 1965—, donde pasé los veranos de mis trece a veintidós años. Años decisivos. No he vuelto desde hace cuarenta y me atrae mucho ver aquello de nuevo, meterme en el tiempo mágico y deambular por su aire suspenso. Experiencia para mí emocionante. Tentaré allí diez años críticos de mi vida. Ya sabes lo sensible que soy a estas reversiones y resurrecciones casi físicas.» (*Epistolario* de V. Aleixandre, recogido por J. L. Cano, Alianza, Madrid, 1986, p. 209.) La ermita que se nombra al comienzo del poema es la del Santísimo Cristo de Gracia, hoy en el centro de Las Navas, pero en los años en que de niño la conoció Aleixandre constituía uno de los apartados confines del pueblo. Así la evoca el poeta en una prosa suya de 1963: «Recuerdo la cerca blanca unida a la Ermita del Cristo, y al fondo las lomas, el amarillo estival de la hierba abrasada, con un confín de pinos espesísimos» (véase «Rubén Darío, en un pueblo castellano», *Prosas recobradas* de V. A., recopilación de Alejandro Duque Amusco, Plaza & Janés, Barcelona, 1987, pp. 14-15).

La frase *Recordar es obsceno* con que empieza el verso 9 se encuentra también en el lapidario texto final de *Poemas de la consumación*, «El olvido».

Pág. 19. *Beso, final.* Hay tres manuscritos de este poema que representan otros tantos estados de elaboración, si bien no muy diferenciados. El título es el cambio más llamativo; pasó por dos formas previas a su fijación definitiva: 1) «Beso de silencio», 2) «Beso, silencio» y 3) «Beso, final», que es como aquí se recoge. No se ha encontrado el borrador original, en el que suele estar la fecha de escritura.

Con el título intermedio de «Beso, silencio» apareció al frente de la antología italiana de *Historia del corazón*, seleccionada y comentada por Giancarlo Depretis: *Davanti allo specchio*, Il Quadrante Edizioni, Roma, 1986, p. 9.

Pág. 21. *En la corriente marina.* Sólo se conservan copias mecanografiadas. La única corrección que hay afecta al último verso, que en su anterior estado se leía: *Pero no vives tú. Vive la espuma.* El verso segundo ofrece una leve variación de otro perteneciente a «Retorno»: *La juventud luciendo entre las olas.* (Véase *Nuevos poemas varios* de Vicente Aleixandre, Plaza & Janés, Barcelona, 1987, p. 121 y pp. 152-153.)

Pág. 23. *Quehacer del beso.* Existe una única copia manuscrita en limpio, sin fecha, sin tachaduras, con la sola duda del título. Encima de «Quehacer del beso», Aleixandre anotó, como otras posibilidades de titulación, «Desde mi región» y «Sin beso».

Pág. 25. *Aire o tierra.* Es uno de los pocos poemas de *En gran noche* dado a conocer en vida por Aleixandre, si atendemos a la indicación que puso al frente del manuscrito: *Publicado.* No se ha encontrado la revista donde apareció. Además de la copia manuscrita a limpio hay otra a máquina.

Pág. 27. *La hora.* Publicado por Aleixandre en *Pliego*, 1, Departamento de Literatura de la Universidad de Sevilla (febrero 1977), p. 1. (Información debida al profesor Gabriele Morelli.) Desaparecido su autor, Carlos Bousoño publicó de nuevo el poema en *El Ciervo*, núm. cit., p. 26, en versión mínimamente distinta que consideramos definitiva. Se conservan dos copias manuscritas en limpio y varias mecanografiadas.

Pág. 29. *La propia muerte.* Trató Aleixandre de cerrar el poema con un críptico y sentencioso verso que formara por sí solo nueva estrofa. De este modo, en línea aparte, descolgada del resto, puede leerse bajo tachadura el endecasílabo *Si miras, no te veas. Es pronto, o nunca,* que cambió sin demasiada convicción por este otro: *Al mirar, no te ves. Es pronto, o nunca.* Variante intertextual, de raíz gongorina, cuyo origen dentro de la obra de Aleixandre se remonta al poema «Vida» de *La destrucción o el amor* (1935): *besos o pájaros, tarde o pronto o nunca.* (Cfr. David L. Garrison, *Peña Labra*, 28-29 [verano 1978], p. 21). Siguiendo la que parece ser intención final del poeta, damos el texto sin el tachado y dudoso añadido estrófico. Dos copias manuscritas en limpio se conservan del poema y varias mecanografiadas.

Pág. 31. *Brisa última.* Existe copia manuscrita, anterior indudablemente a las copias mecanografiadas que se conservan, en las cuales el poeta resolvió sus vacilaciones sobre el título e introdujo otros cambios definitivos. Inicialmente su título fue «Menos que un beso» y luego pasó a llamarse igual que el libro de Manuel Altolaguirre: «Fin de un amor». En la primera copia mecanográfica queda ya fijado como «Brisa última». A la vista de los originales, la duda que no llegó a despejar hasta el final fue la del penúltimo verso, entre *espirado* o *expirado* —el soplo de la respiración o la muerte—. Acabó decidiéndose por *expirado*, lectura que parece convenir mejor a la lógica interna del poema.

Pág. 33. *Solo juventud.* La única versión existente corresponde a una copia mecanográfica, limpia de tachaduras y correcciones. El verso *La juventud distante es ella misma,* de «Rostro tras el cristal» *(Poemas de la consumación),* se ha transformado en la estrofa final de «Solo juventud» de esta manera: *La juventud cumplida es ella misma,* siguiendo el sistema de citas internas y autorreferenciales característico del último Aleixandre.

El verso con que termina el poema alude a otro de Jorge Guillén: *Amigos. Nadie más. El resto es selva* («Los amigos», de *Cántico*).

Pág. 35. *He vuelto.* Hay dos versiones manuscritas distintas y una copia a máquina con la versión que aquí se reproduce. El manuscrito más antiguo acababa con la frase «Aun de noche», que el poeta tachó y sustituyó por «Sin olas», que es la que habría de quedar como definitiva.

El verso cuarto *(Como en la mar las olas)* es un *leit-motiv* de la poesía aleixandrina. Aparece por vez primera al final de «Hijo de la mar», de *En un vasto dominio* (1962), y se reitera en el poema dedicado a Paul Eluard, «Voz lejana», de *Retratos con nombre* (1965) y —con variación— en un título de *Poemas de la consumación* (1968): «Como la mar, los besos». Llega hasta *Diálogos del conocimiento* (1974), donde el personaje de la «Vieja», al término del diálogo «La maja y la vieja», añade otra modulación más a la imagen: *Como el mar en las olas.*

Pág. 37. *El viejo y el joven.* El mismo título tiene una de las composiciones de *Poemas de la consumación,* pero en plural: «Los viejos y los jóvenes». La segunda parte recrea el conocido pensamiento de Coleridge de que «el niño es el padre del hombre», ya glosado por Vicente Aleixandre en «El niño y el hombre», de *Historia del corazón* (1954), y sobre el que volverá, con una expresión más próxima al estilo descarnado y cortante de sus últimos años, en el poema «A León Felipe»: *Hijo es el viejo del joven, y él le hereda. El padre, muerto.* («A León Felipe» fue publicado por *Cuadernos americanos* en 1968, a la muerte del poeta zamorano, y recogido luego en *Poemas varios*, la sección miscelánea de las *Obras Completas* de Aleixandre.)

Se conserva «El viejo y el joven» en copia autógrafa en limpio. Consta en ella de tres partes. La segunda, la más extensa, fue íntegramente desestimada y tachada por el poeta, al igual que una estrofa de cinco versos con que se prolongaba el fragmento inicial. Lo tachado parece responder a un estilo anterior de Aleixandre, asimilable a ciertos poemas de *En un vasto dominio* (1962), aunque sin duda fue escrito en esta misma etapa final. He aquí los pasajes suprimidos:

I

[...]
Por eso,
este que Juan se llama (y es difícil de decir: Se llama
todavía),
¿fue alguno antes, existió antes? Un sarcasmo responde.
No puede ser que fuese si ahora aquí es. Distinto
no pudo ser. Vomitado nació de cueva, y viejo.

II

Horrible pasa: es triste. Y ahí su historia.
La de un hombre ligero,
seguro, dominador un día de esa planta apostada.
Por la ciudad sus pasos. Una mujer que cruza:
sangre o perfume, ropas y un rayo vivo en sombras.
La palabra, asestada, la voluntad prendía.

Ella escuchaba el son, sus ojos se quemaban
por alumbrar, y ardían.
Así tiempo y más sombras. María, Elena, Carmen...
Y hoy es ayer, pues hoy...
Hoy otro Juan cruza por la ciudad, sin sombras.
Él va, su ropa va, sin nadie. Pero no él. Un viejo
marcha tras otra sombra. ¿Pues quién? Alguien ahí
      sigue.
La voz cascada asedia, la ropa finge el eco
que la pobló. Y los ojos,
si es que lo son, no ven, casi olfatean
el rastro. Una hembra pasa, una mujer, la niña
de la niña que fue, y un hombre amara.

II

Pág. 41. *La canción nocturna.* El primer borrador
comienza con unas frases en prosa con las que
Aleixandre, al igual que el actor antes de salir a
escena, se mete en situación, creando el estado
espiritual propicio para el desarrollo del poema.
(No será técnica infrecuente en la composición de
los «diálogos».) La fecha de este borrador inicial
es del 19 de agosto de 1967 y el título pensado
entonces «La canción 1904». Se conserva un segundo autógrafo —ya con el título de «La canción
nocturna»—, revisión del anterior, y una copia en
limpio igualmente manuscrita.

Éste debe de ser el poema por cuya suerte se
preguntaba Pere Gimferrer en su discurso de in-
greso en la Academia, y del que tan enfervorizado
le había hablado Aleixandre: un «diálogo» de ambientación rusa entre una dama aristócrata y un
joven estudiante revolucionario, personajes que
parecen surgir de la sociedad en quiebra que re-
trató Chejov. Precisamente a una de sus más se-
ñaladas obras, *El jardín de los cerezos*, alude «El
estudiante» en su primera intervención: *Jardín de
los cerezos que alguien vio y nunca hallaste.*

Pág. 49. *Cetrería.* Se distingue de los otros «diálogos» por su especial forma métrica. Frente al verso de arte mayor empleado habitualmente por
Aleixandre en sus «diálogos», «Cetrería» utiliza

con preferencia el metro corto o de arte menor. No es, sin embargo, un caso excepcional, pues comparte su singularidad con «El Inquisidor, ante el espejo», íntegramente en heptasílabos (*Diálogos del conocimiento*, Plaza & Janés, 1974, p. 41).

Se conserva un primer borrador a mano, fechado el 4 de septiembre de 1969, un segundo manuscrito, revisión del anterior, y una copia mecanográfica en la que, por error, aparecen fundidos en una sola línea dos versos del quinto parlamento de «El favorito», claramente diferenciados en los autógrafos: *Pero despierto a solas, / con un cuerpo en los brazos.* Seguimos la copia mecanográfica, subsanado este error.

Pág. 57. *Misterio de los dos jóvenes, los dos viejos y la muchacha.* Publicado por *El Ciervo*, núm. cit., pp. 25-26. Se conserva el borrador inicial, carente de título y fechado el 20 de agosto de 1966. Como siguiente paso en el proceso de creación, Aleixandre sacó copia a limpio del borrador y dio al «diálogo» el título de «Destino del día». En su encabezamiento puso una cita de San Juan de la Cruz: *Aunque es de noche*, sugerida posiblemente por el verso con que termina su parlamento el «Joven segundo»: *Pero es de noche.* La cita se suprime del tercer —y último— manuscrito, en el que Aleixandre decide la titulación definitiva después de descartar «Destino del día» y, otro título provisional, «La mirada y el sueño», que aparecen tachados. No hay copia mecanográfica del poema.

Pág. 63. *Miré los muros.* «Diálogo» sobre la decadencia nacional, con evidentes alusiones a Quevedo —desde el título mismo— y a Cervantes. El borrador original parte de unas líneas en prosa, de carácter lírico, que serán eliminadas una vez concluido el poema. Fecha del borrador: 28 de agosto de 1973. Es el último «diálogo» compuesto por Vicente Aleixandre. Poco después de su muerte fue publicado por *El País* (15 de diciembre de 1984, p. 28), en versión que corresponde a una copia manuscrita de la que se reprodujo también, fotográficamente, la primera hoja.

Entre esa versión y la posterior copia mecanográfica sólo hay una diferencia: desaparece de esta última la expresión interrogativa *¿Quién sabe?*, empleada en el segundo parlamento de «Un personaje». No creemos, sin embargo, que sea supresión intencionada del autor, por la seguridad con que dicho giro, tan de Aleixandre, figura en las versiones anteriores, sino que más bien se trata de una omisión involuntaria al disponer el poema a máquina. Hecha esta precisión, mantenemos la frase interrogativa en la versión que damos.

Pág. 69. *Los dos besos.* Es uno de los «diálogos» de Aleixandre que mejor permitiría representación escénica. La imagen de la muchacha virgen, mucho más impura con su glacial amor que el tirano, encuentra claro antecedente en el personaje mallarmeano de Herodías.

La primera versión (borrador original manuscrito) arranca con unos pasajes en prosa que sirven al poeta, como se ha dicho, de ambientación o entrada al «diálogo». Cumplida esta función, se prescinde de ellos. El borrador lleva por título «El tirano, la virgen», pero se anota al lado otra posibilidad: «Los besos cruzados», que pasa a «Cruzados besos» en el segundo manuscrito, conjuntamente con «Los dos besos», que será el título que se imponga. La primera redacción está fechada el 10 de septiembre de 1972. Hay copia mecanográfica de la versión final.

Pág. 75. *El último vals (Ballet).* Publicado por *El Ciervo*, núm. cit., pp. 24-25. El borrador data del

14 de septiembre de 1967. El «diálogo» se llamaba entonces «Tanda de valses (Ballet)», que cambiaría por el definitivo título al ser corregido y fijado en la siguiente copia manuscrita. Aleixandre quiso establecer un sutil juego de correspondencia entre «El último vals (Ballet)» y su conocido poema «El vals», de *Espadas como labios* (1932), más allá de la semejanza de sus títulos. La imagen de la música como *una larga goma*, de «El vals», que envuelve a las parejas en impetuoso y enardecido erotismo, reaparece ahora, como cita concéntrica, al describir «El viejo chambelán» los bailes de la corte: *Como una larga goma / esa música enreda los cuerpos encendidos / y se desliza y prende como un beso...* (vv. 11-13).

Existe copia a máquina del «diálogo». A pesar del carácter definitivo de las versiones mecanografiadas, resueltas ya todas las dudas, no deja de haber en ellas alguna alteración involuntaria que hay que salvar por cotejo con las versiones previas, como en este caso el salto por *homoioteleuton* del verso *Oh, tú, criatura breve del que miré y me enlaza*, correspondiente al parlamento final de «La joven actriz 1900».

Pág. 81. *Sierra Morena.* Drama de desengaño y muerte situado en la legendaria Sierra Morena de los bandidos y salteadores de caminos, más cercana la recreación a la crudeza mágica de Potocki —cuya fantástica Venta Quemada es mencionada al comienzo— que al pintoresquismo de Borrow o Mérimée. El principal protagonista del «diálogo» es un viejo y hastiado bandolero. Ya había aludido Aleixandre en un poema anterior a este tipo de personaje, marginal y violento, tan sombríamente célebre en la España del siglo XVIII. Nombraba el poeta allí al «Vivillo», al «Pernales», y concluía: *Terrible historia equivocada* («Sin nombre», de *Re-*

tratos con nombre [1965]). Ahora reaparece convertido en el eje fundamental del poema, pero desengañado y lúcido, frente a la inocente víctima encarnada por «El viajero joven».

Del «diálogo» se conserva el primer borrador, fechado el 29 de agosto de 1967, un segundo manuscrito en el que se revisa y corrige el anterior estado, y por último, una copia en limpio —esta vez a mano, no a máquina— con la versión que aquí se da.

Pág. 89. *Susana y el viejo.* Este «diálogo» fue leído por Aleixandre en la llamada «comida del Director», en la Academia, el día 9 de enero de 1972 (véase J. L. Cano, *Los cuadernos de Velintonia*, Seix Barral, Barcelona, 1986, p. 198). El borrador está fechado pocos meses antes: 29 de julio de 1971. Existe un segundo manuscrito que es versión corregida del anterior, y un tercero, ya copia definitiva a limpio. (También la hay mecanográfica.)

Inspirado en el relato bíblico conocido como «Historia de Susana» (*Daniel,* 13), el poeta ha simplificado la situación escénica oponiendo al personaje femenino el de un anciano solamente —no dos, como narra la Biblia—, para evitar así la intervención de un personaje doble o coral. El toque de exotismo que lo ambienta parece provenir también de los Sagrados Libros. El elogio de la sabiduría del *Eclesiástico, Crecí como palma de Engadi, como rosal de Jericó* (24, 18), admite comparación con el elogio que hace Aleixandre de la belleza de Susana: *Rosas de Jericó, quizá lirio de Hedjaz* (v. 21).

ÍNDICE

Impreso en el mes de diciembre de 1991
en Talleres Gráficos DUPLEX, S. A.
Ciudad de Asunción, 26
08030 Barcelona